Introduction

Le chat est un carnivore strict hédoniste, chasseur sauteur solitaire et **TERRITORIAL**.

Si vous savez ceci et que vous êtes capables de vous représenter ce que cela implique au quotidien en oubliant votre perception et pensée humaine, vous n'avez pas besoin de lire ce livre car il ne fait qu'expliquer comment tenter de satisfaire au mieux la nature et les besoins de nos petits compagnons dans nos habitations.

Mais nous avons un naturel aussi et il est parfois presque impossible de transformer notre façon de raisonner... On ne peut pas penser totalement chat !

Alors, on parie qu'on peut chambouler vos convictions ?

La Litière

Priscilla C.

La propreté du bac à litière

Les chats apprécient que leur litière soit propre, c'est bien connu, non ? Il suffit simplement d'observer nos félins pour en être convaincu : à peine le substrat du bac est-il changé que minet accourt, démontrant son grand « plaisir ».

« Les chats aiment quand c'est propre. »

Conclusion évidente, surtout si on ne se limite pas à les observer dans leurs latrines privées ! Vous venez de faire le ménage à l'eau de javel, attractif célèbre pour chats, et les voilà euphoriques. Certains se tortillent même sur le sol après un simple lavage au produit ménager, comme pour nous montrer leur inclination pour l'hygiène.

Et pourtant, nombre de ces mêmes chats se roulent et se frottent de façon identique – et avec le même « plaisir » visible – sur des objets qui nous semblent bien moins hygiéniques ou qui offensent carrément nos narines : nos sous-vêtements sales, nos vieilles chaussures, nos sacs de sport usés…

De plus, dans un groupe de chats, on peut constater que certains bacs sont très utilisés par de nombreux fidèles, même s'ils sont déjà très sales, et que d'autres litières sont délaissées, restent même parfois totalement propres et n'attirent aucun de nos compagnons : en conséquence la propreté n'est pas leur critère de choix prioritaire, mais bien plutôt l'emplacement et l'attrait du bac lui-même.

Nous aurions donc mal interprété leurs réactions ?

Eh oui ! Selon les recherches et les constats initiés par Florence D'Ivernois puis approfondis par Gwendoline Le Peutrec Redon, il est apparu que l'idée reçue selon laquelle le chat était un animal propre était obsolète. Leurs observations et les retours des prioritaires de chat ont permis de démontrer que certains félins domestiques désertaient leur litière lorsqu'elle était trop fréquemment nettoyée.
Monsieur chat n'apprécie pas plus ce qui propre que ce qui est sale à nos yeux. Il se contente en fait d'essayer d'estomper ce qui sent trop fort pour lui, perturbe son odorat hyper-sensible et l'empêche de percevoir son territoire de façon olfactive : produits parfumés, très odorants ou même irritants.

C'est le cas du vinaigre, du citron, de la javel – de surcroît encore plus irritante pour lui que pour nous – ou de tout autre produit fort, qu'il ne faut donc pas utiliser pour assainir leur bac ou alors au moins relaver ensuite avec un savon sans parfum. En effet notre compagnon subit une nuisance sévère avec ces produits, causée par l'ultra-sensibilité de son odorat, point évidemment négatif pour lui.

Pour recouvrir ces forts effluves dérangeants, Minet choisit la méthode qui lui semble la plus adaptée pour y parvenir : il utilise soit le dépôt de phéromones (frottement des joues et parfois du long du corps) soit abandon d'urine (il fait carrément pipi dessus), selon ses préférences.
Son odeur rassurante recouvrant alors la perturbante, il se sent mieux ! Cela l'apaise de retrouver sa fragrance personnelle aux endroits « troublants ».
Les petits nez sensibles qui se lâchent dans nos éviers et baignoires, sur les paniers de linge sale et autres tapis de douches – tous distributeurs d'odeurs fortes selon eux – en sont un bon exemple.

Et l'attrait vers la litière neuve alors ?

Si le chat n'est pas attiré dans le bac par l'envie de recouvrir des fortes odeurs qui le gênent, en tant qu'animal très territorial il trouve tout de même un intérêt à y déposer ses éliminations (urines et fèces) : marquer son domaine de vie !

S'il existe 4 possibilités pour nos petits poilus de baliser leur espace, chacun a souvent un mode de marquage privilégié, ce qui explique que certains chats griffent toutes les tapisseries de la maison quand d'autres urinent partout par exemple.

Retirer ses urines et excréments – avec la pelle ou en changeant le substrat – revient alors à lui enlever ses précieux marquages, lui ôter sa signalisation de « propriété privée ». Il lui faut en ce cas promptement remettre ses chers indicateurs de présence en cet espace trop vierge à son goût : c'est pourquoi le chat se précipite dans la litière propre.

Non sensibilisé à l'hygiène, il accepte aussi généralement très bien qu'un de ses bacs soit proche de son lieu d'alimentation, contrairement aux idées reçues (tant que ses déjections n'y sont pas déjà moisies !). Mais pour ne pas risquer de contaminer la nourriture avec les résidus de fèces, le propriétaire l'évitera autant que possible, sauf s'il héberge un chat qui s'angoisse au moment des repas : l'odeur de ses urines rassurant le chat, il y trouvera un apaisement, nous l'avons vu.

« Si la propreté du bac lui importe peu, puis-je le nettoyer moins souvent ? »

Cela dépend de plusieurs choses.
Déjà votre envie ! Je ne conseillerai pas aux propriétaires d'un grand nombre de chats vivant ensemble de trop espacer les nettoyages, pour ne pas favoriser la prolifération des agents pathogènes. Mais si vous n'avez que peu de chats et suffisamment de bacs adaptés et attractifs, rien ne vous empêche de ne retirer les excréments que tous les 2 ou 3

jours et de nettoyer une fois par semaine. Vos petits félins vous en seront certainement reconnaissants. Mais évitez si vous n'avez qu'un seul bac, chose qui n'est d'ailleurs pas recommandée…

Ensuite les préférences de votre petit compagnon : certains trouvent leurs bacs idéaux pour y apposer leurs marques. Ils se réjouissent quand on leur propose un beau bac tout propre, prêt à accueillir leurs nouveaux marquages : c'est une occupation toute trouvée dès que vous avez fini le nettoyage. Mais ils sont également rassurés de constater que leurs marques y perdurent quelques temps, restant ainsi efficaces, lorsqu'on on ne les enlève pas de suite. Pas besoin de s'inquiéter de ces sujets-là : tout leur va, et on peut alors changer quand cela nous convient.

Les marquages éliminatoires hors du bac.

Ce qu'on appelle la malpropreté – pour nous uniquement, car le chat ne trouve pas que cela soit sale – est un comportement généralement mal interprété par l'humain : en effet il n'est jamais question d'histoire de vengeance ou de jalousie, sentiments que le chat ne connait pas.
Ne vivant que pour satisfaire ses besoins et son instinct, assurer sa survie, trouver et garder un état de bien-être général, il n'est donc pas un calculateur machiavélique.

Exceptés les inconvénients dus à des tracas physiques ou émotionnels – et là il faudra prendre conseil auprès du vétérinaire ou du comportementaliste – on retrouve en général deux comportements différents, selon la fréquence de nettoyage des litières, mais qui ont le même résultat en apparence : le chat fait ses besoins hors du bac.

« S'il y a le moindre caca dans la litière, mon chat fait devant. »

Encore une raison qui nous pousse à croire que le chat aime les litières propres. Et pourtant, les idées sont bien différentes dans la tête de minou...
Si vous possédez un chat qui agit ainsi, je suis prête à parier que votre chat n'a de qu'un seul bac à litière : exact ?
C'est la grande majorité des situations. Peut-être le chat dispose-t-il d'un second bac, mais alors au moins une des deux litières est répulsive, trop petite, parfumée ou placée dans un lieu bruyant par exemple ou encore jugée peu attractive au niveau de l'efficacité de marquage.
Dans ce cas, le chat ne trouve aucune utilité à re-marquer l'endroit, puisqu'il est déjà efficacement estampillé, et il réserve sa « production digestive » pour un autre emplacement – démuni de bac – qui mériterait bien d'accueillir un petit rappel de sa présence sur le territoire...
Cela lui permet de mieux baliser son domaine.
Ou bien le lieu ne permet pas une grande efficience des marquages : par exemple le bac est placé dans un endroit peu visible tel que toilettes, salle de bain, cave, placard ou alors il y a un couvercle dissimulant ses marques, et le chat choisira de mettre ses dépôts odorants suivants en des lieux plus visibles et donc plus appropriés pour lui.

Dans le premier contexte, si placement et visibilité sont corrects, c'est alors tout simplement qu'il n'y a pas assez de litières : le territoire doit permettre de « signaler » en plusieurs endroits le fait que le chat habite ici. Il faudra alors disperser les bacs pour couvrir plusieurs points stratégiques.

Dans la seconde circonstance, on enlève les couvercles et on déplace les bacs dans des pièces avec plus de passage pour que chacun puisse percevoir ses balises ; toutefois il faut tout de même un coin assez calme et permettant la fuite – le bac ne devrait pas être coincé entre deux meubles par exemple – avec vue sur l'entrée de la pièce, surtout s'il y a des conflits dans le groupe ou que l'individu n'est pas très « sûr de lui », car rappelons que nous sommes tous plus vulnérables au moment d'éliminer et que pouvoir voir à ce moment-là les potentiels dangers arriver est plus rassurant.

On peut aussi tenter d'ôter quotidiennement les excréments quand le chat apprécie ses bacs, ce qui le force en principe à réserver ses rares fabrications biologiques pour le marquage des litières : on assiste alors à un retour d'une utilisation stricte du bac. Néanmoins la satisfaction n'est pas aussi profonde pour nos grands territoriaux que lorsque leur domaine est marqué stratégiquement, et cela amène certains frustrés de la situation à essayer de trouver une solution convenant plus à leurs besoins...

Le chat victime de la litière trop propre...

Imaginez que vous mettez une étiquette à votre nom sur votre boîte aux lettres et que systématiquement quelqu'un vous la retire, inlassablement tous les jours... Il y a fort à parier qu'à force de déceptions, incompréhensions et irritations, vous tentiez de faire perdurer votre marque identificatoire par un autre moyen plus efficace, comme avec un marqueur indélébile par exemple. Et bien c'est un peu ce que ressent le chat à qui l'on dérobe ses repères trop souvent : il va essayer de re-matérialiser sa présence en d'autres endroits, qui se révèleront – peut-être ? – plus propices à leur durabilité, comme sur le lit ou le canapé par exemple.

Et tandis que minou tente de trouver un remède à son problème de territorialité, nous, nous ne le comprenons pas : sa litière est toujours propre, pourquoi ne va-t-il pas dedans au lieu de souiller notre intérieur ? En découle généralement – à minima – des réprimandes à cause de notre incompréhension, ce qui engendre un stress certain à notre petit hôte poilu et l'amène à un besoin de se rassurer, souvent assouvi par des marquages urinaires apaisants...
La résolution de ce cercle vicieux complexe doit en priorité être confiée à un bon comportementaliste, mais on peut toujours tenter de stopper totalement les réprimandes, augmenter le nombre de bacs attractifs et la durée de permanence des éliminations. Dans la nature, elles se dégradent avec le climat, l'action des astres et les insectes en deux ou trois jours, qui sont la moyenne de périodicité de remplacement spontané des marquages. On peut se baser sur cette référence de durée naturelle.

Un peu de patience sera nécessaire pour qu'il comprenne qu'il y a un changement, mais je recommande encore une fois l'entretien comportemental, surtout si ces conseils s'avèrent insuffisants pour résoudre le problème.

« C'est le seul à faire ça ! »

Et oui, nous l'avons vu, tous les individus ne réagissent pas de la même façon et c'est pareil pour l'humain car nous sommes tous différents.
Reste donc à « l'humain » à bien relire cet article pour trouver dans quel cas de figure se trouve son chat et à choisir la solution de gestion des bacs à litière la plus satisfaisante pour les deux parties, ou encore mieux, de faire appel à un spécialiste du comportement félin pour s'assurer de faire les bons choix.

Et enfin, même après avoir lu ce chapitre ne changez pas forcément votre gestion actuelle des litières si elle vous satisfait et semble convenir à votre chat : ce petit malin sait souvent très bien s'adapter à la situation !

« Je pense quand même que c'est plutôt une histoire de domination »

C'est parfois utile dans un groupe de marquer un lieu déjà utilisé par un congénère, c'est ce que l'on appelle la « surenchère de marquage ». Cela sert à ce que chacun des colocataires puisse affirmer individuellement sa présence en un endroit commun. L'humain peut interpréter à tort cela comme un comportement hiérarchique quand c'est toujours le même chat qui marque en premier les bacs neutres per exemple, mais c'est tout simplement que cet individu a un besoin plus impérieux de baliser que les autres.

Il ne peut exister de système hiérarchique chez le chat, tout simplement parce qu'il est solitaire de nature et qu'un système hiérarchisé ne peut se développer que chez les espèces vivant en communauté.

Mais chaque individu a plus ou moins besoin d'un marquage de territoire performant.

Et reste que l'on retrouve nombre de chats vivant seuls qui se hâtent vers les bacs tout juste nettoyés : dès lors il y aurait domination sur qui à ce moment-là ?

Choisir et placer ses bacs à litière

Que nous importe à quoi ressemble et où se situent nos W.C dans notre habitation : c'est généralement bagatelle pour l'humain tant que la quiétude y est assurée. Ainsi nous ne nous en inquiétons pas plus pour nos petits félins : le chat est un animal très propre, c'est établi, et qu'importent alors les détails si litière il y a…

Le nombre de bacs

L'homme utilise les toilettes pour se soulager, exclusivement. Minou lui est un grand territorial : il utilise ses éliminations pour délimiter son domaine de vie et il adore notifier sa présence en plusieurs lieux, pour être sûr qu'aucun ne pourra les manquer. Voilà pourquoi Monsieur se réjouira de trouver plusieurs bacs sur son territoire et que nous recommandons au moins 2 toilettes félines pour un chat adulte.

Pour les chatons, il faut généralement – selon l'âge et la surface de votre logement – augmenter ce nombre car les distances peuvent sembler longuettes pour de petites pattes.

Et pensez toujours à les placer en des lieux différents pour que le territoire soit marqué en plusieurs endroits.

Lesquels choisir ?

Il faut en premier lieu se soucier de la taille de votre chat : un Maine coon se retrouverait bien ennuyé dans un bac à chaton...
Je pense que 55cm paraissent très corrects pour un compagnon de taille standard.

Puis vient le sujet de la hauteur d'accès : un chaton rechignera à gravir l'Everest, tout comme le chat âgé aux articulations quelque peu usées. Pensez-y !

Enfin arrive la question du couvercle : si vous vous en moquer, votre compère lui se passera assurément avec joie de l'accessoire, même si de nombreux petits félins s'en accommodent quand le propriétaire souhaite profiter, lui, d'une protection anti odeurs / vision peu ragoûtante.

En revanche, cette option n'est plus envisageable dès lors que plusieurs félins cohabitent malaisément : le chat souhaitant se soulager pourrait se retrouver totalement coincé dans le bac, à la merci de son bourreau, s'il existait un couvercle. On leur épargnera alors ce stress.
Il en va de même pour les craintifs, bien entendu.
Recommandation identique pour les coutumiers des « accidents » : si votre chat a tendance à se soulager hors du bac, bannissez les capots et les parfums. Rappelons-le, le naturel félin pousse à marquer de manière efficiente les lieux de présence. On pourrait comparer les éliminations du chat à des panneaux « propriété privée » et comment bien percevoir des notifications cachées sous un toit ou du sent-bon ?

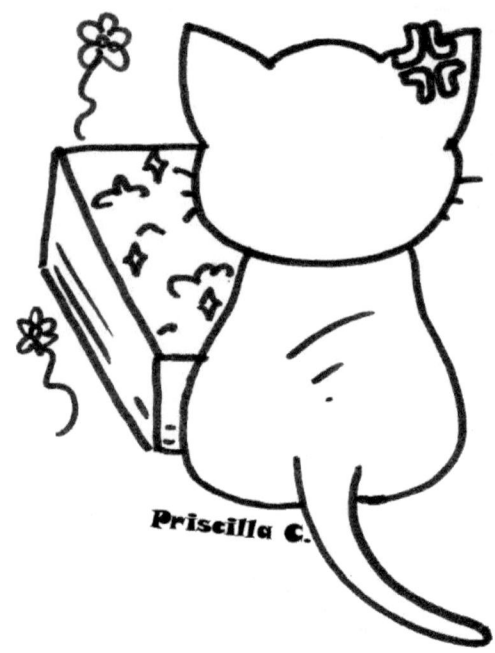

Où les installer idéalement ?

Bien sûr, notre répugnance nous pousse le plus souvent à placer les commodités de notre ami hors de portée olfactive, voire même carrément dans l'endroit alloué à la chose : nos toilettes. Là encore, la portée du message se révèlera bien moins percutante puisque les marquages sont localisés dans une pièce quasi « secrète ». Sûr que vous n'auriez pas choisi cet emplacement pour planter votre pancarte de rappel de propriété...

Où les mettre alors ? Hé bien Mistigri appréciera tout particulièrement les pièces de vie, celles qui sont fréquentées, ainsi que les lieux d'accès à son territoire : vous entrez et hop ! vous voyez de suite chez qui vous êtes grâce aux marquages contenus dans le bac.

Mais le moment d'éliminer restant un instant de vulnérabilité, mieux vaut choisir un coin calme de la pièce d'où le chat peut voir arriver les éventuels dangers et qu'il se sente sécurisé.

Nous nous devons tout de même de comprendre le propriétaire gêné de percevoir des déchets corporels lorsqu'il cuisine ou dès qu'il entre chez lui, saisi par l'odeur. Aussi pouvons-nous opter pour le salon et le couloir par exemple, si la cuisine et l'entrée sont à exclure.

Enfin, nous vous conseillons ici les nombres, types de bacs et endroits idéaux mais si c'est différent chez vous et que tout va bien, c'est que votre chat a su s'adapter à la situation sans trop de gêne alors ne changez que si cela vous convient à vous également !

Les Griffades

Protéger son logement

Le chat est un grand passionné des griffades : c'est un griffophile compulsif ! Chacun connait d'ailleurs au moins une maison qui a subi l'assaut destructeur de pattes bien aiguisées, ne serait-ce que sur le coin d'un canapé…

Plus qu'un besoin d'affuter ses griffes

Evidemment, tout bon prédateur se doit de maintenir ses armes en parfait état et « faire ses griffes » permet cet entretien essentiel.
Mais minet est encore plus obnubilé par son besoin compulsif de marquer son territoire alors, même si ses « couteaux » sont déjà bien affutés, il griffera quand même encore dans le but de territorialiser régulièrement son habitat.
Les griffades ont une grande efficacité de marquage puisque – contrairement aux éliminations par exemple – elles sont indélébiles.

Elles ont plusieurs fonctions :
- Auditive : on entend le chat marquer
- Visuelle : on voit les traces caractéristiques
- Chimique : grâce aux glandes interdigitées (entre les coussinets) qui permettent le dépôt de phéromones.

Pas étonnant alors que le chat les utilise largement au vu de ces avantages et que les propriétaires entre parfois en courroux… Ils se contentent bien, eux, de simples marquages sur la sonnette et la boîte aux lettres ! Oui, mais ils ne sont pas des chats, et ne ressentent en conséquence pas les mêmes besoins.

Il est tout à fait possible de limiter les dégâts, voire même de les éviter totalement avec quelques bons conseils.
On peut déjà protéger les lieux sensibles avec un bout de carton recouvert de ruban collant double-face : nos félins déteste ce qui colle et éviteront ainsi l'endroit.
Et on peut tirer parti des propriétés attractives de la menthe à chat pour réorienter le chat vers un support qui nous conviendra mieux.

Mais griffer restant essentiel pour eux, ne considérez jamais le griffoir comme une option facultative, en particulier si le chat passe au moins la moitié de son temps à l'intérieur.

Enfin, la meilleure manière de conserver son foyer en état est de donner envie au chat d'utiliser le support prévu plutôt qu'autre chose.

Choisir et placer le griffoir

Il existe une grande variété de supports possibles pour les griffades : on peut se permettre de le choisir en fonction de nos goûts et même de notre décoration.
Seul le budget peut causer souci, mais là encore la diversité est grande puisque cela va du gratuit à plusieurs centaines voire milliers d'euros.

Cher ne veut pas dire forcément mieux...

Ha oui, même gratuit ? Tout à fait ! Si vous appréciez le type rustique, que vous vivez dans une ferme ou que vous aimez beaucoup le bois, une grande bûche placée stable verticalement convient parfaitement : nul n'est besoin de débourser beaucoup pour faire plaisir car le chat se moque des prix et ne voit que son intérêt.

Ou alors, récupérez une vieille planche et clouez-y une chute de moquette, c'est tout aussi plaisant qu'un griffoir commercialisé. Si vous êtes un brin bricoleur, n'hésitez pas à peindre voire découper la planche pour l'harmoniser à votre intérieur : votre imagination est la seule limite !

Un fort prix de vente peut même parfois jouer en défaveur de la volonté du chat : son propriétaire voulant faire plaisir, il va lui offrir un grand et bel arbre à chat. Mais s'il est prêt à investir, il en veut pour son argent et les fabricants

accumulent les options sur certains modèles afin de justifier le coût : plateformes, niches, hamacs, échelles, ... ce qui ne laisse plus de place pour les griffades !
Comment marquer efficacement quand on ne laisse que quelques centimètres de libre ? Impossible ! L'idéal pour lui est de disposer d'une hauteur libre permettant de griffer en s'étirant debout de tout son long : en règle générale comptez environ 70 à 80cm de haut pour un chat de taille normale.

La stabilité du support est primordiale et il ne doit pas y avoir de gêne comme une étagère au milieu ou une niche en dessous, cette hauteur doit être dégagée.

Où le mettre ?

Offrez un griffoir par chat pour que chacun puisse disposer d'un support personnel. Il est fréquent que les chats surmarquent, que plusieurs utilisent donc différents griffoirs, mais n'en réduisez pas le nombre pour autant.

Si on se remémore l'importance de bien percevoir les marques territoriales, on comprendra qu'il faut placer ces accessoires bien en vue : placez-vous à l'entrée d'un endroit vivant ou de passage obligé (cuisine, salle à manger, salon, couloir, entrée) et regardez en face de vous. Le griffoir devra se trouver en plein milieu de votre champ de vision.
On peut coincer un poteau à griffer sous le coin du canapé par exemple ou fixer certains modèles avec du ruban collant double face sur les meubles ou les murs pour éviter de faire

des trous. Sur la porte d'entrée, il fait souvent son effet puisqu'il permet de gérer l'accès au territoire.

Et si vous avez opté pour l'arbre à chat, on pourra profiter de sa hauteur pour accorder une vision sur l'extérieur en le plaçant contre une fenêtre (A proscrire cependant si votre compagnon ne dispose pas d'une chatière et s'irrite de voir des congénères à l'extérieur).

Alimentation

Alimentation à volonté et obésité

Pour diverses raisons, multitude de propriétaires de chats ont choisi de limiter le nombre de repas quotidiens de leurs compagnons félins. Les principaux motifs retrouvés sont une imitation du mode d'alimentation du chien ou une peur de prise de poids après stérilisation et, par habitude ou manque d'information, on oublie de se poser la question de la quantité de repas nécessaires au bien-être du chat.

Combien de repas mon chat doit-il faire par jour ?

Ceux qui se calquent sur le chien donneront 1 ou 2 fois dans la journée, et ceux qui s'adaptent à notre rythme alimentaire nourriront 3 ou 4 fois quotidiennement : mais le chat est-il fait comme le chien ou l'humain ?

L'Homme et le chien chassent en groupe à l'état « naturel », et la force du nombre permet de chasser peu souvent car autorise la capture de grosses proies : les rations ingérées après une traque fructueuse sont ainsi importantes, et les prises alimentaires espacées.

Le chat, lui, est solitaire. Il ne peut donc pas compter sur l'aide de congénères pour attraper de gros animaux et doit se contenter de petits (tels souris, oiseaux, lapereaux, reptiles, insectes, …). Il est conséquemment obligé de se mettre en quête de nourriture plus souvent.

On le sait : la Nature est bien faite et elle attribue des caractéristiques physiques et physiologiques aux animaux selon leurs besoins, environnements et modes de vie. C'est pourquoi elle a doté le chien et l'humain d'un grand estomac et/ou de longs intestins (pour permettre la digestion de festins généreux) et alloué le contraire au chat.
Et si on sait désormais également que les organismes vivants sont capables de s'adapter à un changement pour survivre, on constatera que les prodiges naturels exigent tout de même un temps certain… Pas étonnant alors que notre chat domestique n'ait pas augmenté le volume de son estomac ni allongé ses intestins, si on sait que juste une partie d'entre eux a vu son nombre de repas quotidiens diminuer et qu'il y a que quelques dizaines d'années que l'Homme a commencé à cloîtrer totalement certains d'entre eux en intérieur, sans possibilité de chasser à leur convenance.

Le métabolisme félin est par conséquent resté le même : fait pour manger peu, mais souvent (10 à 16 fois par 24 heures), et réduire le nombre de ses repas va à l'encontre de ses besoins métaboliques, qui de rappellent au chat par l'arrivée de la faim…

« Vu tout ce qu'il mange, mon chat ne peut pas avoir faim ! »

C'est une réponse fréquente aux affirmations précédentes, et qui semble dotée de bon sens. Cependant, la quantité ne fait pas tout… Rappelons-nous ces repas trop copieux qui nous ont laissés avec des douleurs d'estomac et un mal-être général. C'est ce que ressent – plus ou moins – tous les jours le chat rationné : il sait d'expérience que son prochain repas sera tardif, alors il mange tout ce que son estomac peut supporter dès qu'il le peut, en prévision de la faim à venir. Et son corps n'étant adapté ni à la privation (il supporte mal une diète de plusieurs heures) ni à un trop-plein d'aliments, minou se retrouve en inconfort digestif constant à passer de vide à excès sans arrêt.

Pour se mettre à sa place, imaginons-nous ne faire qu'un seul repas tous les 3 ou 4 jours… Nul doute que nous ne serions pas au top de notre bien-être et de notre moral ! Pas étonnant alors que certains chats deviennent irascibles, voleurs de nourriture, persécuteurs, stressés, agressifs, …
Ces compagnons rationnés prennent même souvent du poids, puisque l'organisme ne peut s'adapter convenablement :

Nombre de repas insuffisant ↘ faim
↘ grosse prise en quantité ↘ surplus stocké sous forme de graisses

On peut donc souffrir de faim tout en étant grassouillet !

« Mon chat est rationné et il va très bien ! »

Si certains petits félins développent conduites agressives (voir précisions sur le syndrome du tigre en dessous), malpropreté, miaulements ou grattages intempestifs, tous les chats ne transforment pas en comportements gênants leurs stress et frustrations. Il est alors naturel de penser que leur bien-être est réel puisque nous ne percevons pas de signaux nous alarmant sur le contraire : un bon comportementaliste pourra vous expliquer les signes indicateurs de stress/contrariété et vous éclairer sur les points qui pourraient être modifiés afin d'optimiser le confort général de votre partenaire de vie (pas uniquement sur l'alimentation : un entretien peut donc s'avérer bénéfique sur bien des points).

Mais rappelons-nous que le système digestif du chat n'est pas fait pour un jeûne de plusieurs heures (le foie est l'organe qui en souffre le plus : il y a ainsi augmentation des risques d'apparition de problèmes hépatiques quand son estomac est vide trop longtemps ou régulièrement). C'est pourquoi un espacement trop important entre les repas n'est pas adapté à ses besoins biologiques et va immanquablement tourmenter votre animal par la sensation de faim, en plus de menacer son équilibre sanitaire.

Le syndrome du tigre

Le chat rationné est quelques fois tellement tiraillé par la faim qu'il peut ne plus savoir comment gérer son ressenti et en

venir à agresser ses propriétaires : c'est ce que l'on nomme
« syndrome du tigre ».

Ce comportement violent est conséquence d'une distribution alimentaire inadaptée (plus rarement : d'un manque de protéines). Il convient donc pour son bien-être – tant physiologique que psychique – de lui permettre de se nourrir plus régulièrement.

Faire maigrir sans frustration

Comme dit, le mieux est de permettre au chat de faire entre 10 et 16 prises alimentaires sur 24 heures. Bien sûr, cela semble infaisable de lui donner à manger toutes les 2 heures - y compris la nuit - on va donc tout simplement se fier à son instinct de préservation et lui proposer une alimentation à volonté (c'est à dire que de la nourriture doit être disponible 24h/24, sans surveillance de quantité) pour qu'il se régule lui-même. Dans la majorité des cas, le chat trouvera en quelques semaines son équilibre et un poids de forme, mais :

- le fait que le chat d'intérieur n'ait pas besoin de chasser pour se nourrir diminue ses dépenses énergétiques et peut conduire à un léger surpoids (peu problématique) par manque d'activité physique, surtout si son alimentation est riche en sucres (céréales) et graisses.

- une infime partie des individus ne va pas s'autoréguler : il peut donc survenir à contrario un lien inverse, qui va lier la nourriture à volonté à l'obésité. Mais les cas réels de chats ne sachant vraiment pas se contrôler restent rares et dans la majorité des cas dit « ne sachant pas se réguler », c'est en fait le propriétaire qui n'a pas su attendre que le chat apprenne de lui-même à se limiter ou que le chat mange par stress/ennui, et il suffirait d'améliorer ses conditions de vie, d'enrichir son environnement et de faire preuve de patience.

Et alors, si votre compagnon grossit tout de même de trop, il existe des solutions pour remédier à ce souci sans créer de frustration et d'inconfort à cause de la faim :

- Plus il fera d'exercices, plus il dépensera d'énergie et moins il mangera par ennui : on peut augmenter la fréquence des séances de jeu et/ou de sorties, enrichir son milieu pour l'inciter à se bouger plus. Car comme pour nous, l'obésité du chat est souvent liée à un manque d'activité.

- On peut lui compliquer l'accès aux croquettes : s'il doit travailler pour obtenir sa nourriture, en bon partisan du moindre effort, il limitera sa consommation à ses besoins. L'investissement dans des gamelles d'occupation est alors largement compensé par les économies de croquettes et des éventuels futurs frais vétérinaires liés aux problèmes de surpoids (diabète, hépatite, maladies cardio-vasculaires, affections articulaires, calculs urinaires, troubles cutanés, …). De plus, il mangera moins vite, améliorant sa digestion et accélérant l'arrivée de la sensation de satiété.

- Envisagez un aliment plus adapté : vérifier principalement les pourcentages de glucides (privilégiez les marques sans céréales de qualité) et de graisse afin de comparer avec sa nourriture habituelle et opter pour moins riche. Et pour calculer le taux de glucides : 100 – [matières grasses + protéines + fibres + cendres + humidité]

- Augmentez le nombre de repas humides (boîtes, viandes, proies, BARF) : en plus d'amenuiser la menace des risques de défaillance du système urinaire (attaqué par les urines trop concentrées, pas assez diluées, du chat nourri uniquement aux croquettes) on remplit son estomac avec des aliments moins caloriques car plus riches en eau. La viande crue (une cuisse de poulet entière par exemple, mais peau retirée à cause des graisses) demande un travail plus important au chat et nécessite en conséquence un temps d'ingestion supérieur pour une même quantité, ce qui l'occupe un peu plus et accélère l'arrivée du sentiment de satiété tout en lui faisant plaisir.

- Et si vraiment il faut passer au niveau supérieur, proposer 1 à 2 fois par jour des courgettes cuites est l'idéal pour tromper la faim tout en arrivant à des apports énergétiques quasi nuls (la majorité des chats en raffolent, mais on peut les mélanger au besoin à moitié avec de la nourriture en boîte ou du BARF).

Ainsi, permettre au chat de s'alimenter aussi souvent que son corps l'exige est généralement la meilleure façon de le préserver du surpoids, d'améliorer son bien-être général et digestif, mais c'est également fortifier le relationnel homme/chat puisque le propriétaire n'est plus perçu comme celui qui inflige la faim (négatif) mais comme celui qui apporte son confort alimentaire (positif).

Comportement Humain

Punir, réprimander, interdire

Comment rester stoïque devant le chenapan qui dévore nos magnifiques plantes vertes, nous dérobe notre steak dans l'assiette ou urine sans ambages devant nous sur le canapé ? Impossible !

Quand Minou abuse...

Un chaton qui escalade une de plante grimpante ou qui joue avec une feuille verte qui retombe ne va pas nous rendre fous de rage mais nous disputerons, c'est normal...

Et s'il est compréhensible que le chat rationné, exaspéré par la faim, tente par tous les moyens de combler le vide criant de sa bedaine, il est moins tolérable pour nous de consentir à partager notre pitance, même laissée sans surveillance, avec celui qui possède écuelle comble.
Tout un chacun s'offusquerait de cet affront !

Mais si notre instinct nous pousse à sévir dans certaines circonstances, physiquement ou verbalement, notre raison se doit de nous rappeler l'extrême émotivité de notre complice car certains sensibles peuvent ressentir nos simples démonstrations d'énervement comme de réelles violences. Cette sensation peut conduire à une réelle dégradation des relations humain/félin – votre chat aura moins confiance en vous – voire même à une imitation de ce moyen de communication vigoureux : l'humain explique les choses avec animosité, le chat fait de même ! Et si nous « agressons » en criant, secouant ou en tapant, lui agresse avec ses propres moyens, en feulant, griffant ou mordant...

Le chat qui fait pipi partout

Encore plus utopique : tenter de ne rien dire au culotté qui se soulage à notre barbe sur le fauteuil...

Si votre chat – mâle ou femelle, car les deux sexes sont concernés – n'est pas stérilisé, rien d'anormal à ce qu'il urine en tous lieux : c'est une conduite féline des plus naturelles que de faire montre de sa disponibilité sexuelle par le dépôt d'hormones contenues dans les mictions.

Mais vous vous êtes prémunis contre les marquages d'origine sexuelle en faisant opérer votre petit ami poilu et vous vous êtes assurés qu'il n'y avait pas de souci de santé chez votre vétérinaire. Vous lui offrez ripaille, gîte et litière et malgré tout cela voilà que ce petit ingrat s'applique à tout souiller !

La réaction instinctive surgissante est l'énervement, et c'est bien compréhensible puisque, pour nous, uriner partout n'est pas naturel, pas admis comme comportement acceptable dans notre espèce. Il en est cependant tout autrement dans le monde félin : uriner en divers endroits sert à plusieurs choses, comme marquer plus efficacement son territoire ou tenter de se libérer d'un stress en propageant sa propre odeur rassurante.

Il se peut que l'on vous ait expliqué que votre chat était sans doute stressé. En ce cas, vous êtes à coup sûr passé de l'état de propriétaire excédé à celui de maître compatissant et avez de vous-même limité voire stoppé les réprimandes.

Mais si tel n'est pas le cas, votre exaspération s'est assurément accrue avec le temps.
Puis vous aurez constaté que les marquages n'ont pas disparu malgré les disputes et que, souvent même, c'est bien l'inverse des attentes qui se produit : le chat urine encore plus !

C'est un peu logique si on y pense : si le chat urine parce qu'il est stressé et que nous ajoutons par-dessus les tensions des sanctions, rien d'étonnant à ce que Mistigri décuple son besoin de s'apaiser et donc redouble ses pipis…

Il va sans dire que les relations deviennent alors particulièrement tendues car nous ne nous comprenons pas mutuellement.
L'humain trouve inadmissible que l'on ose souiller son lieu de vie et ne comprend pas qu'on ne tienne pas compte de ses réprimandes ; le chat trouve notre comportement réprobateur incompréhensible puisqu'utiliser les urines pour marquer ou s'apaiser est dans l'ordre naturel. Il a l'impression que nous sanctionnons injustement, ne nous comprend plus : c'est comme si un enfant exprimait un mal-être en pleurant et qu'il recevait une gifle en retour. La confiance est immanquablement entamée…

Que faire alors ?

Dans les cas de « bêtises » telles la destruction des plantes, les invitations sur la table pendant le repas, les fouilles des ordures ou les escalades de rideaux, le plus simple est de tenter de rendre la chose impossible : accrocher les plantes en hauteur, fermer la poubelle, rehausser les voilages, etc. Mais ce n'est pas toujours possible et il faudra alors interdire au chat de le faire. Car si les punitions et réprimandes sont à proscrire, il est tout à fait faisable d'apprendre certaines règles à un chat, pour peu que ce soit bien fait et que le prohibé ne soit pas trop tentant.

Vous trouverez foule de conseils sur le net ou chez le vétérinaire, mais après avoir entendu de tout, je recommande – entre autres ! – de ne jamais :

- prendre par la peau du cou sauf pour déplacer un jeune chaton (ce n'est absolument pas une façon de punir ou d'interdire chez le chat : cela ne sert à la mère que pour le transport des chatons et rien d'autre. De plus, passé 1.5kg, cela leur fait mal)
- secouer ou taper (même sur le bout du nez, même avec un seul doigt). Si maman se permet de rectifier parfois avec un coup de patte, elle possède un panel de moyens complémentaires à l'explication dont l'Homme est dépourvu et votre message est susceptible d'être mal compris : cela pourrait altérer vos rapports.
- enfermer le chat en guise de sanction (cage ou pièce isolée) : la frustration engendrée pourrait faire naître un besoin d'apaisement dont l'assouvissement vous déplairait inéluctablement...

Le procédé le plus approprié demeure l'apprentissage. Et comme pour les enfants, patience et répétition sont la clé de la réussite.

L'utilisation du « non » est parfaite et on peut lui adjoindre un léger bruit répétitif tel le claquement de langue, de mains ou de doigts. Quand on me demande, j'exhorte les propriétaires à privilégier le claquement de doigts (moins brusque que celui des paumes) associé au « non, non, non » (naturellement plus tempéré dans l'intonation si répété) attendu que le but est d'enseigner, pas d'intimider.

Au départ il vous faudra vous déplacer après ce rituel acoustique pour déloger le fripon, mais vous constaterez que bien vite il prendra la poudre d'escampette à la demande.

« Patience et longueur de temps font plus que force ni que rage » constatait déjà jadis Monsieur de La Fontaine.

Stériliser son chat ou non ?

Parmi les partisans de la stérilisation, la tranquillité (au sujet des bébés non désirés, marquages urinaires, vocalises, ...) semble le motif prioritaire. Et chez les opposants, on retrouve 3 arguments principaux : le coût, le désir de portée et le fait que ce ne soit pas naturel.

Les portées

Si vous désirez garder un descendant de votre chatte, rien de critiquable à cela ! C'est compréhensible de souhaiter retrouver les traits plaisants d'un ami adoré dans sa progéniture. Il est alors évident que la stérilisation est proscrite, tout du moins en attendant une éventuelle naissance.
Pour le matou, c'est plus compliqué puisque même si vous l'avez vu saillir une chatte dehors et comptez adopter un des chatons, rien n'est certain du fait que votre mâle en soit le géniteur puisque la chatte accepte en règle générale plusieurs étalons.

Mais si vous ne souhaitez pas voir naître de petites boules de poils ou redouter les démarches inhérentes au placement des petits filous, l'opération est à privilégier sur la pilule contraceptive car source de multiples risques sanitaires conséquents.

Le prix de l'opération

Il varie communément du simple au double du mâle à la femelle et reste d'ordinaire plus cher en zone urbaine que rurale, bien que chaque vétérinaire fixe sa propre tarification. N'hésitez pas à appeler plusieurs cabinets pour vous informer : les surprises ne sont pas rares, en positif ou non...

Comptez 60 à 80 euros en moyenne pour Monsieur, le double pour Madame, et sachez que certains professionnels acceptent le paiement en 2 ou 3 fois au besoin.

Avantages

Outre l'élimination ou la diminution des risques d'apparition de comportements gênants (miaulements d'appel, marquages urinaires, fugues, bagarres, ...) et gestion des naissances, il existe des bénéfices sur la santé. C'est étonnant puisque Dame Nature n'a pas créé la stérilisation, mais c'est véridique ! Vous allez me dire, Dame Nature n'a pas inventé les traitements médicamenteux non plus et ils sont pourtant faits pour améliorer notre santé finalement...

En tant que comportementaliste, ce qui nous motive - entre autres choses - c'est de tenter de s'approcher au plus près du naturel pour répondre physiquement et mentalement au bien-être du chat. Je me dois cependant de préciser que les maladies existent naturellement et que faire stériliser une femelle avant l'apparition de ses premières chaleurs la préserverait - selon les études - presque tout à fait des risques de tumeurs/cancers des appareils de reproduction et de lactation, qui restent sans cela fréquents (tumeurs mammaires principalement).

Nonobstant une récupération plus rapide qu'à l'âge adulte - au même titre que la femelle - je ne connais cependant pas de bénéfice sanitaire à la stérilisation précoce du mâle.
Les chats entiers sont cependant incroyablement sollicités par leurs hormones et leur fort instinct de reproduction.
S'ils n'ont pas accès à l'extérieur, leurs propriétaires apprendront cela à leurs dépens et ils choisiront indubitablement un jour entre castration et ouverture de la porte…
Ceux qui peuvent sortir dépensent une énergie prodigieuse en déplacements, marquages, bagarres, saillies, … et achèvent fréquemment la saison des amours en bien piètre état, plus ou moins blessés et amaigris. Ils sont d'ailleurs sans nul doute les plus grands propagateurs des maladies félines.
La stérilisation permet ainsi de limiter les risques d'affections et de ménager l'individu.

Les femelles qui portent à chaque cycle œstral sont exténuées physiquement par les gestations/allaitements successifs (si elles ont été saillies) et sont menacées de contamination – sida et leucose en particulier - à chaque accouplement. Ce risque est substantiel puisque la chatte accepte généralement plusieurs mâles pendant les mêmes chaleurs.
Les chaleurs répétitives des autres (les non fécondées) les usent mêmement, en plus d'accroître gravement la menace des infections utérines graves telles pyomètre ou métrite.

Inconvénients

Le prix : un acte chirurgical a un coût. Combien de fois ai-je entendu « on ne prend pas un chat si on n'a pas les moyens de s'en occuper ! »... S'il est vrai que certaines personnes adoptent parfois à la légère, j'ai très souvent été le témoin de situations bien plus complexes où des familles dépourvues de moyens accueillaient un chat promis au trépas sans leur geste. Alors ne jugeons pas trop hâtivement !

La menace de décès : nous le savons tous, anesthésier comporte des risques... Notre peur devient tout à fait légitime quand on sait que même si les drames demeurent rares, ils existent. Et en plus de la possibilité d'un non-réveil, il faut savoir que des complications post-opératoires peuvent survenir, telles infections, ouverture des points de suture, etc. Certains vétérinaires conseillent le port d'un carcan pour éviter ce dernier péril, mais c'est très stressant pour les chattes.

Pas de retour en arrière possible : vous avez passé de merveilleuses années avec un compagnon qui s'est avéré si exceptionnel que vous aimeriez pouvoir garder « un peu de lui »... Mais il a été neutré et il vous faut oublier ce rêve : ne regrettez rien car non seulement il est déconseillé de faire une première portée tardive pour une chatte, mais surtout les hormones influencent tellement les comportements qu'il est fort probable que « le chat de votre vie » ne l'aurait été sans sa stérilisation.
Mais certains refuges, associations ou éleveurs connaissent bien les tempéraments de leurs chats et sauront vous orienter vers un petit complice qui vous répondra à vos attentes.

Un acte non naturel

Effectivement, on ne trouve pas de bloc opératoire dans les champs ! Mais si les autres arguments s'avèrent intelligibles, pour celui-ci je vais me montrer plus réfractaire...
Vous l'avez lu plus haut, le comportementaliste essaie de répondre au mieux aux besoins naturels du chat et je suis la première à utiliser la sentence « ce n'est pas naturel » lorsque je déconseille quelque chose pendant un entretien. Cependant, tout ce qui est naturel n'est pas forcément bon (les plantes toxiques par exemple) et tout ce qui est « humanisé » n'est pas systématiquement mauvais (les médicaments par exemple).

Ainsi, celui qui use de ce prétexte pour refuser la stérilisation (au mépris souvent du bien-être de son voisinage) et qui est sincère dans sa pensée, n'enfermera jamais son petit félin en intérieur et ne lui donnera aucune croquette, pâtée ou friandise, pas même une caresse, car rien de cela n'est naturel pour lui ! Je n'ai à ce jour pas trouvé cet individu adepte intègre de la « naturalité » lors de mes pérégrinations comportementales car le chat qui vit réellement au naturel conduit toute son existence... sans interférence humaine.

Comportement félin

Les modes de marquage

Rappelons que nos minous sont avant tout TERRITORIAUX, ce qui implique pour eux un besoin de notifier leur présence et leur propriété des lieux en plusieurs points distincts.
Pour se faire ils disposent de plusieurs moyens - avec souvent une préférence pour au moins l'un d'entre eux - parfois au grand désarroi de leur propriétaire... Nos petits félins ont un réel besoin de marquer leur territoire : ce n'est pas facultatif !

Les éliminations

Si désagréable que ce le puisse être pour nous, les urines et fèces ont une fonction de « panneau » indiquant à tout un chacun que les lieux sont occupés.

Elles ont une fonction principalement olfactive, chimique (phéromones) et visuelle - en particulier les jets d'urine verticaux et les fèces non enfouies, rendus ainsi bien visibles – et elles trahissent en partie l'état sexuel et sanitaire du sécréteur au nez de ses congénères. Certains individus semblent ajouter un rôle acoustique en insistant bruyamment sur les frottements et grattements dans le bac.

Pas étonnant alors que ce mode de marquage soit privilégié par nombre de coquins territoriaux, à qui il conviendra de proposer plusieurs bacs à litière dispersés afin de satisfaire à cette inclination sous peine de voir survenir des marquages en des lieux qui sembleront bien moins adaptés à la chose…

C'est le cas le plus fréquent en demande d'intervention comportementale, mais cette seule recommandation ne suffira sans doute pas à régler totalement le souci, sans quoi ce livre servirait à remplacer les rendez-vous. Chaque chat étant unique et chaque situation étant différente, il conviendra toujours de personnaliser les conseils puisqu'une recommandation idéale dans un cas peut être inverse à celle d'un autre : demandez toujours conseil à un professionnel correctement formé.

Les griffades

Fréquents sont les canapés qui témoignent de la présence d'un chat dans une habitation…
Dans notre société actuelle où la décoration intérieure a le vent en poupe, cette image pourrait détourner certaines familles de l'idée d'une adoption féline.
Alors peut-on s'assurer qu'un chat n'éraflera jamais notre élégant mobilier ? Honnêtement, non…

Le dégriffage s'avérant être une sévère mutilation (on coupe une partie des doigts du chat, pas seulement les griffes, qui doit ensuite marcher sur des « moignons »), elle est illégale dans la majorité des pays et va à l'encontre du bien-être de notre hôte poilu puisque pouvoir marquer son domaine de vie est indispensable à la félicité de ce territorial invétéré. Nous oublierons donc ce procédé barbare.

Idem pour les capsules en caoutchouc qui privent encore le chat de la possibilité d'exprimer ses comportements instinctifs, naturels.

L'usage des griffades offre des notifications visuelles permanentes, auditives (actions plus ou moins marquées selon les individus) et phéromonales grâce aux glandes des espaces interdigités. Elles se montrent donc mêmement bien efficientes comme type de marquage et sont ainsi également souvent très usitées...

Mais nous avons la possibilité d'orienter ces griffades sur un support qui nous conviendra plus : les griffoirs et arbre à chats sont faits – dans l'idée de départ – pour cela. Pourtant, afin d'éviter les mauvaises surprises, mieux vaut se remémorer les conseils prodigués au chapitre dédié de ce guide.

Les frottements phéromonaux

Si les éliminations et les griffades répandent déjà des phéromones, le chat a également la possibilité de concentrer ces marquages par dépôt direct en se frottant aux objets qu'il souhaite marquer de ses marques chimiques.
Cela inclue les objets présents au quotidien tels les coins de meubles ou de murs pour renouveler ses marques rassurantes, mais aussi les porteurs de nouvelles odeurs comme l'humain qui rentre à la maison ou les sachets de courses de la semaine par exemple.

Le chat disposant d'une zone très productive en phéromones entre la commissure des lèvres et la base de l'oreille, vous le verrez régulièrement se frotter la tête en de multiples endroits et sur de nombreux objets ou personnes. Mais d'autres zones de sécrétions existent : il peut donc frotter d'autres parties du corps. En règle générale, on le verra poursuivre son marquage par une sorte de vague avec le flanc, quand il s'enroule autour de nos jambes à notre retour au foyer par exemple.
Mais si le chat nous marque nous aussi effectivement, ses frottements peuvent tout autant servir à resserrer les liens qui nous unissent qu'à baliser ou exprimer une petite gêne : il faut étudier la situation dans son ensemble pour en déterminer le but principal recherché.

Les postures

Certains individus peuvent nous paraître envahissants quand on les retrouve toujours en plein milieu du passage ou étalés de tout leur long, bien éveillés, à des endroits qu'ils semblent avoir choisi « juste pour nous embêter », comme sur le clavier de l'ordinateur, au centre du journal, sur un objet que l'on vient de faire tomber, juste devant la porte d'entrée ou en plein milieu du canapé...

S'il n'est pas rare que ce comportement affiche tout autant un désir d'interaction, il permet en premier lieu à votre petite moitié de territorialiser visuellement l'endroit, de se l'adjuger posturalement car il est certain d'être bien vu tout étiré en ce lieu stratégique. C'est ce que l'on nomme les positions d'occupation de l'espace.

Mais comme le marquage disparaît dès le lever du chat, ce moyen ne permet pas de signaler l'occupation des lieux de façon permanente.

Le caressé-mordeur

Le chat souffre quelquefois d'une réputation d'ingrat cyclothymique à qui il ne faut point offrir confiance. Il est vrai que l'on trouve d'innombrables témoignages de morsures qui surviennent au moment des caresses… Pourquoi se montrent-t-ils si cruels alors que l'on fait tout pour leur bien-être ?

Encore une incompréhension

Minet monte sur nos genoux et se couche. Nous le caressons, il ronronne, cligne adorablement des yeux, se frotte ou nous lèche la main même parfois : nous sommes aux anges. Puis voilà que soudainement cette adorable peluche semble disjoncter totalement et revêt en une seconde son apparat de monstre sanguinaire !

Le couchage sur nos genoux peut révéler une envie de contact ; le ronronnement peut manifester le plaisir ; le frottement et le léchage peuvent permettre un échange affectif, etc. Mais pas seulement ! Et c'est de là que naît notre incompréhension…
Le couchage sur les genoux peut révéler une envie de nous territorialiser, de simplement profiter de notre présence et/ou notre chaleur ; le ronronnement peut manifester un besoin de se rassurer soi-même ; les clignements d'yeux, frottements et léchages signifier une demande d'apaisement (souhait de mettre un terme à son inconfort), etc.

Et si les signaux qui sont employés par le chat ont pour but de demander l'arrêt des caresses et que l'humain, lui, l'interprète comme des signes d'expression de plaisir, continuant ainsi ses cajoleries, minou se courrouce du fait qu'on lui inflige un contact qui lui est déplaisant à ce moment-là et du fait qu'on ne tienne pas compte de ses appels à la cessation. Il n'a d'autre solution que d'user de solution plus perceptible pour l'Homme : la morsure en général.

Certains chats sont moins enclins à employer une gestuelle agressive et optent plutôt pour le retrait, parce que c'est leur nature ou parce qu'ils ont appris que mordre pouvait entraîner un retour de bâton… Mais ce ne veut pas dire que ce chat ait passé un instant agréable pour autant : pensez toujours à regarder les signaux émis par le chat. Si ses oreilles sont couchées, que sa queue bat de manière saccadée ou que la peau de son dos frémit (rolling skin syndrome), il est sans doute en train de vous inciter à interrompre les interactions.

Si vous avez un doute, pas de souci : arrêtez tout et minet saura vous faire comprendre très clairement s'il souhaite un retour de la caresse.

Prévention et soins

Nettoyer l'urine de chat

Choisir son produit

Tous les produits ne sont pas adaptés à toutes les salissures :

Matière organique　　　⟶　　　Produit alcalin
(Origine humaine, animale ou végétale)
Ex : sang, urine, huile, graisse, vin, aliments, colle, goudron, ...

Matière inorganique　　　⟶　　　Produit acide
(Origine minérale, métallique ou saline)
Ex : tartre, sel, ciment, rouille, ...

Il faut par conséquent faire le choix de son produit selon ce que l'on souhaite nettoyer : quand il s'agit d'urine de chat, les produits alcalins (PH > 7) sont donc à privilégier.

Parmi les alcalins faciles à trouver et abordables au niveau du prix, nous pouvons citer :
- le savon (PH entre 9 et 10,5)
- la lessive (PH entre 11 et 13).

Et parmi les acides courants, citons :
- le vinaigre (PH env.3)
- le détartrant = anticalcaire (PH 0.8 à 2).

Eliminer les odeurs

Même après un bon nettoyage, l'odeur de l'urine peut subsister - surtout si le chat n'est pas stérilisé - à cause de sa transformation en carbonate d'ammoniaque (à l'air), d'une persistance de bactéries, de la présence de protéines, d'acides aminés, ...

Voici quelques produits-solution complémentaires, et leur type d'action :

- le savon et la lessive tuent les bactéries d'origines biologiques
- le vinaigre blanc supprime les odeurs d'ammoniac (entre autres)
- les enzymes brisent les protéines odorantes
- l'eau gazeuse et l'eau oxygénée amplifient les actions nettoyantes/désodorisantes
- le bicarbonate de soude absorbe toutes sortes d'odeurs
- la javel effectue de multiples actions (détruit bactéries et protéines, désodorise, ...).

Ainsi, pour une action complète, une seule étape ne suffit pas puisque tous les produits ne peuvent pas se mélanger.

Il faut aussi savoir que certains nettoyants pourraient ne pas fonctionner si d'autres produits ont été employés auparavant : bien rincer entre chaque étape est donc primordial.

Points importants

En ce qui concerne l'efficacité et la sureté du nettoyage :

- Enlever un maximum de souillure avant lavage
- Utiliser des produits basiques (alcalins) pour nettoyer l'urine
- Toujours laver avant de désinfecter (sous peine d'inaction du désinfectant)
- Toujours rincer entre lavage et désinfection (sous peine de dégagement gazeux toxique)
- Ne jamais mélanger les produits (sauf indication contraire, sous peine d'inaction et/ou dégagement de gaz toxiques)
- Respecter les temps d'action recommandés (sous peine d'inefficacité : 5' en bactéricide et 15' en fongicide)
- Ne jamais nettoyer l'urine à la vapeur (sa température extrêmement élevée peut fixer l'urine dans le support au lieu de l'en extraire).

En ce qui concerne le bien-être de votre chat :

- Ne jamais le punir quand il urine hors du bac (création de stress, dégradation de la qualité de votre relationnel)
- Ne jamais utiliser d'huiles essentielles dans les pièces où il a accès (sous peine d'intoxication : rapide en contact direct, à long terme en inhalation.)
- Toujours éliminer les odeurs fortes laissées par le nettoyage (sous peine de stress par perturbation olfactive, impossibilité de perception complète du territoire : javel, ammoniac, vinaigre, citron, parfums, …)

Pour éviter les récidives :

- Stériliser le chat s'il n'est pas destiné à la reproduction (pour éviter les marquages sexuels)
- Vérifier son état de santé chez le vétérinaire (pour s'assurer que les éliminations ne sont pas dues à une problématique de santé)
- Ne jamais réprimander votre chat quand il urine hors du bac (les punitions/réprimandes le stressent énormément, et le chat soulage souvent son stress en urinant…)
- Bien éliminer l'odeur pour éviter les surmarquages, le maintien des repères éliminatoires et la prise d'habitude
- Empêcher l'accès à l'endroit souillé jusqu'à au moins séchage complet (plus longtemps si l'habitude est encrée) avec un meuble, un objet ou un carton recouvert de collant double-face
- Demander l'intervention d'un bon comportementaliste spécialiste du chat pour éliminer les marquages dus à une problématique environnementale/relationnelle.

Nettoyer l'urine de chat sur sols lisses
(carrelage, parquets vitrifiés, sols PVC…)

1. Laver à l'eau très chaude + savon sans parfum : bien mouiller et frotter, laisser agir 1 minute

2. Rincer à l'eau chaude

3. Réitérer les étapes 1 et 2

Nettoyer les tissus lavables en machine

(coussins, couvertures, habits…)

1. Faire un rinçage à la main pour éliminer le plus d'urine possible

2. Lancer un lavage court, sans adoucissant

3. Relancer un autre lavage (chaud + essorage puissant), mettre du bicarbonate de soude ou quelques bouts de savon sans parfum dans le bac à la place de l'adoucissant

Nettoyer les tissus non lavables en machine

(canapé, moquette, fauteuils…)

<u>Méthode pour urine légère :</u>

1. Si la tâche n'est pas sèche, ôtez un maximum d'urine avec une serviette éponge ou du papier absorbant

2. Laver à l'eau gazeuse + savon sans parfum : bien mouiller, frotter et laisser agir 1 minute

3. Oter le maximum de liquide avec l'aspirateur

On peut renouveler les étapes 2 et 3 au besoin

4. Rincer avec un mélange 1/3 eau oxygénée, 1/3 bicarbonate de soude, 1/3 eau chaude, frotter et laisser agir 10 minutes

5. Aspirer à nouveau profondément

Méthode pour urine forte :

1. Si la tâche n'est pas sèche, ôtez un maximum d'urine avec une serviette éponge ou du papier absorbant

2. Laver à l'eau gazeuse + lessive + produit vaisselle : bien mouiller et laisser agir 1 minute

3. Oter le maximum de liquide avec l'aspirateur

4. Renouveler les étapes 2 et 3

4. Frotter avec de l'eau de javel diluée à 30-40% ou du vinaigre blanc ménager + jus de citron (selon risque de décoloration) et laisser agir 15 minutes

4. Oter le maximum de liquide avec l'aspirateur

5. Enlever le maximum d'odeur du produit fort (javel ou vinaigre/citron) en relavant avec un mélange eau chaude + savon sans parfum

6. Oter le maximum de liquide avec l'aspirateur

Vérifier que ça ne sent plus du tout la javel ou le vinaigre : sinon, réitérer les étapes 5 et 6.

7. Rincer avec un mélange 1/3 eau oxygénée, 1/3 bicarbonate de soude, 1/3 eau chaude et laisser agir 10 minutes

8. Aspirer à nouveau profondément

Si l'odeur est encore perceptible, il faudra investir dans un produit enzymatique comme Urine OFF.

Limiter les risques de PIF

Nous sommes malheureusement nombreux à avoir entendu parler un jour de la Péritonite Infectieuse Féline. Les informations qui circulent sur cette maladie ne sont pas toujours exactes, parfois même totalement fausses.

Une maladie mortelle issue d'un virus anodin

La majorité des chats est ou a été un jour contaminée par le coronavirus. Il s'agit d'un virus qui infecte des cellules digestives généralement sans présenter de signes, sauf en cas de surinfection où l'on pourrait voir apparaitre un épisode diarrhéique. Dès lors, pas de quoi s'alarmer.

Seulement, il suffit que cet inoffensif envahisseur subisse une mutation au moment d'une réplication pour qu'il devienne alors responsable de symptômes de plus en plus alarmants, menant inexorablement le chat à la mort.
Certains cas de rémissions ont été réellement constatés après emploi de l'Interféron, mais ils sont si anecdotiques que l'espoir n'est pas raisonnable.

Les symptômes qui surviennent peuvent être divers et variés, ce qui conduit de nombreux vétérinaires à envisager la PIF quand ils ne trouvent pas d'autre explication à la dégradation du chat.

Des diagnostics un peu hâtifs...

Même si l'on peut constater une diminution progressive des diagnostics erronés de PIF grâce à de nouveaux tests proposés par les laboratoires (avant, seule l'autopsie pouvait confirmer une suspicion de péritonite infectieuse), tous les vétérinaires n'y ont pas encore recours et de nombreux cas où le chat a été déclaré atteint de PIF après un simple test de recherche de corona ou d'anticorps corona me sont encore signalés. Les propriétaires sont anéantis, alors que plus de 90% des chats sont porteurs du virus ou des anticorps concernés et ne sont pas malades !
Rappelons que le virus simple n'est pas dangereux : vérifiez quels tests ont conduit le vétérinaire à un diagnostic de PIF, surtout s'il est assez âgé car les études sur cette maladie sont assez récentes et les cours dispensés en écoles vétérinaires ont bien changé sur ce propos en quelques décennies.

En bref, on confond souvent coronavirus et PIF puisqu'ils sont intimement liés. Mais on peut voir cela un peu comme pour le cancer : ce n'est pas parce qu'on trouve des cellules dans notre organisme que nous avons le cancer. Cette maladie survient avec une cellule particulière présentant la caractéristique de pouvoir se diviser indéfiniment : on va ainsi rechercher ces cellules spécifiques pour pouvoir certifier un cancer.
Pour la PIF, c'est pareil : il ne suffit pas de faire une recherche simple de coronavirus sur le chat mais de chercher un coronavirus muté ou de faire une batterie complète de tests dont l'étude des résultats permettra de pencher en faveur d'une PIF ou non.

De la peur de la contagion

Comme il est fréquent de confondre coronavirus et PIF et que le virus standard est très contagieux, on croit souvent que la PIF est contagieuse également.
Seulement, le virus se transmet par excrétion dans les selles et dans la quasi-totalité des cas, une fois que le virus a muté en PIF, le chat n'excrète plus de virus : il ne peut donc pas contaminer un autre chat.

Il existe par contre de facteurs prédisposant à la mutation du virus et dès lors, si un groupe de chats se trouve en situation de forts risques de mutation, plusieurs chats peuvent voir un de leurs coronavirus muter et ainsi plusieurs individus d'un même foyer peuvent déclencher une PIF. Ce qui favorise les croyances de contagion, bien entendu.

Priscilla C.

Peut-on éviter que le virus ne mute ?

Malheureusement, il est – à ma connaissance – impossible d'empêcher une mutation. Mais comme on sait désormais que certains points semblent plus souvent la provoquer, on peut tenter de réduire les risques en influençant certains facteurs prédisposants :

- l'âge (jeunes chats, chats âgés) : on ne peut rien faire, bien entendu
- la génétique : idem malheureusement
- l'immunité : on peut vacciner son chat s'il sort pour éviter certaines contaminations, tenter des cures de renforcement du système immunitaire, mieux le nourrir, etc.
- le stress : c'est le facteur le plus mis en cause. On veillera à limiter la surpopulation et stériliser tous les chats (la cohabitation nombreuse et les effets des productions d'hormones sexuelles sont très stressants), on demandera conseils auprès d'un bon comportementaliste pour faire diminuer le taux de stress général du chat, etc.
- le nombre de coronavirus présents dans l'organisme : on peut limiter le nombre de chats qui partagent les mêmes bacs à litière et contenir la prolifération du virus en nettoyant tous les bacs en même temps ainsi que le sol à leurs abords avec un détergent, à chaque changement de substrat (pour ne pas créer trop de stress néfaste au chat : laisser au moins 2 jours les marquages et utiliser du savon sans parfum).

- La virulence de la souche de corona : là non plus on ne choisit pas quel type de souche a contaminé nos chats. On sait désormais qu'il en existe plusieurs : des anodines, des modérées et des virulentes. Si dans un élevage (haut degré de risques) un seul chat décède de la PIF, nul doute que les souches de corona présentes ne sont pas virulentes. Par contre, si plusieurs sont atteints, il y a fort à parier qu'une souche est de fort risque de mutation et/ou que le protocole de nettoyage des bacs ne permet pas une régulation du taux de corona et/ou que les lignées sont prédisposées à la mutation, etc.

J'aurais tendance à croire que c'est souvent une cumulation des facteurs favorisants qui est cause du déclenchement de la PIF, mais on m'a déjà signalé des décès de cas à bas risques… On ne peut tout prévoir et tout contrôler, pas pour le moment du moins, mais des recherches sont en cours : gardons espoir.

Edenvane

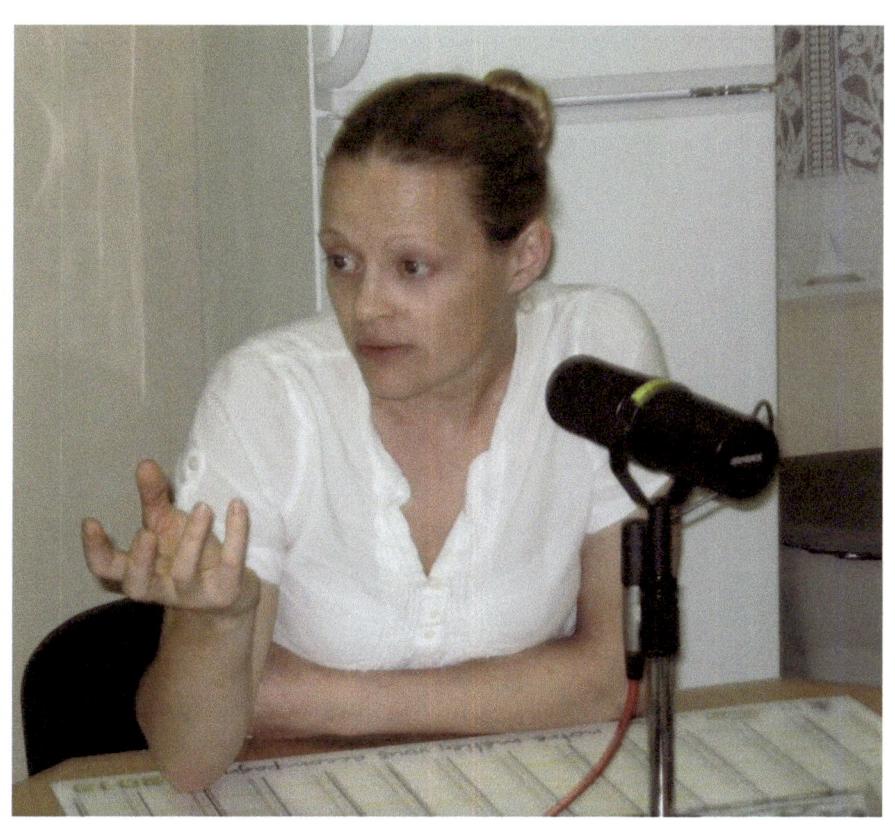

Comportementaliste chat

Le bon comportementaliste n'est ni magicien, ni astrologue : c'est un professionnel qui a suivi une formation professionnelle s'appuyant principalement sur l'éthologie, discipline biologique basée sur des études scientifiques de longue haleine des comportements animaux. Elle explique les besoins et les habitudes naturels de nos compagnons et nous permet de mieux les comprendre pour pouvoir prévoir les modifications nécessaires à une vie plus adaptée et sereine, entre humains et félins.
Mais nous nous devons également de comprendre les propriétaires, de pouvoir leur expliquer la situation, pour réellement les aider. C'est pourquoi les bons comportementalistes ont également étudié psychologie et communication humaine car dans une relation Homme/Chat, il y a deux partis à comprendre et à soulager…

Pourquoi faire intervenir un comportementaliste ?

Si vous rencontrez quelques difficultés avec votre chat :

- il fait ses besoins hors litière
- il dégrade votre intérieur de ses griffades
- il vous gêne à force de miauler, s'agiter
- il vous agresse, mord, griffe
- il ne s'entend pas avec un autre animal

- il semble stressé et/ou sensible
- il ingère des substances non comestibles
- il s'automutile ou se dépile, etc.

Mais il est aussi possible de prévenir l'apparition de problématiques, avant ou juste après :

- l'adoption d'un congénère ou d'un chien
- la naissance d'un bébé
- un déménagement
- l'arrivée d'une nouvelle personne dans le foyer, etc.

Et pourquoi se priver de découvrir comment encore améliorer le bien-être général de votre petit compagnon, même si tout va bien ? Vous apprendrez de nouvelles choses, aurez une vision différente de votre compagnon, c'est certain.
Le comportementaliste est là pour cela également.

Chaque comportementaliste choisira sa méthode préférée pour ses entretiens : nous, nous avons choisi un forfait tout compris (entretien + suivi) pour éviter les surprises tarifaires en cas de particularité de la situation. Et nous ajoutons quelques points supplémentaires (alimentation, prévention vieillesse, législation, etc.) afin d'informer les propriétaires de la manière la plus complète possible. Le fait de ne pas se limiter à la gestion de la problématique augmente bien entendu la durée de l'entretien, mais je trouve sincèrement que ce n'est pas inutile.

N'hésitez pas à consulter notre site : www.edenvane.com

Fabricant d'accessoires

Parce que certains accessoires n'existaient pas, n'étaient pas parfaitement adaptés, pas assez résistants ou pas optimisés pour le bien-être et le plaisir de nos minous, nous avons décidé de les fabriquer nous-même depuis quelques années maintenant.

Et leur succès grandissant auprès de nos amis et de leurs amis, ... nous vendons désormais dans le monde entier via notre boutique sur internet.

Fabrication artisanale 100% française

Si vous souhaitez offrir des articles de qualités et garantis spécialement pensés pour le plaisir de vos chats, en accord avec leur nature, votre bonheur se trouve chez le spéCHATliste !

Nous sommes en perpétuel élargissement de la gamme des accessoires que nous proposons : n'hésitez pas à nous contacter au besoin. Nous pouvons également personnaliser à la demande.

Quelques exemples de nos fabrications :

La Menthe à chat

Un spray pour attirer et calmer le chat. Pour les situations stressantes ou pour faire plaisir.
100% naturelle et attractive !

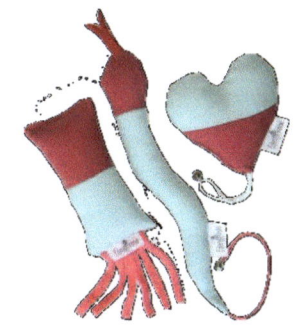

Nos jouets

Résistants et au pouvoir de séduction incomparable :
ils en sont tous fous !

Etui passeport

Pour joliment protéger et classer les passeports / carnets de santé de tous vos chats.

Le Chami

Un miraculeux outil aux herbes à chats calmantes, pensé pour récupérer les phéromones apaisantes de votre chat.

Le Charminator

Un jouet ultra résistant, spécialement conçu pour que les chats les plus destructeurs puissent se divertir aussi.

Et bien sûr : notre fameuse culotte pour les chats incontinents et les reproducteurs d'élevage qui marquent hors bac.

Attention : les conseils donnés dans ce livre sont généralistes et l'apparition de comportements gênants reste très souvent liée à plusieurs causes.

Il existe certains cas particuliers où d'autres recommandations seront à considérer, selon la situation.
Seule l'intervention d'un bon comportementaliste permettra de résoudre efficacement une problématique en éliminant le maximum de facteurs responsables et en personnalisant les réflexions.

Ce livre vous a plu ou
vous a inspiré quelques questions ?

Contactez-nous par mail pour nous faire
parvenir vos avis et vos demandes.

> Nous répondrons aux messages les plus
> pertinents dans un prochain tome !

↳ contact@edenvane.com

Pardon mes fils, mes bébés,
de me consacrer souvent plus aux chats qu'à vous.

Pardon mon zhomme de moi, mon p'tit caillou,
pour la grande patience que te demande ma passion féline.

Depuis toujours, et à jamais…

———————————————

Merci à Priscilla Christoph, une amie toujours sincère,
pour ses magnifiques dessins,

Merci à Gwendoline Le Peutrec Redon,
ma formatrice, mon mentor,
pour rester disponible et m'apprendre toujours plus,

Merci à Véronique Stoffel, une extraordinaire amie,
pour son soutien, son aide et ses corrections.

Merci à tous nos clients et adoptants, pour leur confiance et
leurs agréables commentaires.

SOMMAIRE

Introduction ……………………………………………..… Page 02

La litière…………………………………………………….. Page 04
    La propreté du bac ……………………………….. Page 06
    Choisir et placer ses bacs………………………… Page 18

Les griffades………………………………………….….. Page 22
    Protéger son logement …………………………….. Page 24
    Choisir et placer le griffoir………………………… Page 28

Alimentation……………………………………………...... Page 32
    Alimentation à volonté et obésité ……………. Page 34
    Faire maigrir sans frustration……………………. Page 40

Comportement humain …………………...…………….. Page 44
    Punir, réprimander, interdire ………………….. Page 46
    Stériliser son chat ou non ………………………. Page 52

Comportement félin……………………………………… Page 58
    Les modes de marquage ………………………. Page 60
    Le caressé-mordeur …………………………….. Page 66

Prévention et soins…………………………………….. Page 70
    Nettoyer l'urine de chat …………………………. Page 72
    Limiter les risques de PIF ………………………. Page 80

Edenvane ………………………………………..………. Page 86
    Comportementaliste …………………………….. Page 88
    Fabricant d'accessoires ………………………… Page 90

© 2017, Vanessa Gasser

Edition : BoD – Books on Demand,
12/14 rond-point des Champs-Elysées, 75008 Paris

Impression : BoD – Books on Demand, Norderstedt, Allemagne

ISBN : 9782322138784

Dépôt légal : Mars 2017